AMADORA

texto de María Velasco
canciones de Miren Iza (Tulsa)

EDICIONES
LA UÑA ROTA
Colección Libros Robados

Amadora se estrenó el 11 de noviembre de 2023 en la Sala Verde de los Teatros del Canal dentro de la programación del 41º Festival de Otoño, con las actrices Socorro Anadón, Celia Bermejo y Carmen Mayordomo.

NOTA: Todo acontece en el espacio doméstico. Un espacio que se ve desdomesticado (imaginado y fantaseado) a medida que transcurre la acción.

Amadora es una o son muchas. La idea es que el monólogo sea una polifonía en la que se alternan, por lo menos, tres intérpretes con sus diversas complexiones, fisonomías, voces..., a las que se suma Miren Iza en las canciones (y en la construcción de los espacios sonoros). Amadora se desdobla asimismo en el resto de personajes: hija, amiga, nieta, etcétera.

Según la página del Instituto Nacional de Estadística, en España hay 1230 mujeres llamadas Amadora, con una edad media de setenta y un años. La mayoría están en Lugo y en Jaén, aunque también hay amadoras en Córdoba y Ourense.

Virginia Woolf escribió que «si somos mujeres, pensamos a través de nuestras madres».* Esta obra está dedicada a las que nos parieron.

(Nos íbamos a parecer más a ellas a partir de los treinta y tres).

Mujeres a las que, admirásemos o no, estábamos obligadas a querer.

(Nos dejaron una carga maldita disfrazada de instinto).

Mujeres con las que había obligación de reconciliarse para ser capaces de cuidar, incluso de amar, sin hacernos el harakiri dos o tres veces al día.

PARTE I

Soco: Tengo miedo de convertirme en un lugar común a pesar de tener un nombre propio. Hay nombres que son un correctivo. Peores que el pecado original, que el dolor de muelas o el de oídos: Soledad, Angustias, Dolores, Socorro... Amadora no es mejor. A veces creo que me desdibujo en muchas.

No quiero hacer historia

Miren:
No quiero una placa con mi nombre
No quiero el aplauso de la multitud
No quiero que me conozcan por la calle
solo quiero que me veas tú
Que reconozcas lo que hice
que reconozcas que me dejé la piel
cuidando de tus hijos, de tus padres
y dándoos a todos de comer
No quiero que digan que soy una santa
que hay que ver lo que me entrego sin miedo a perder
mi esencia, mis sueños, mi bonita forma de ser
No quiero hacer historia

Nadie se va a acordar de mí
No quiero hacer historia
Nadie se va a acordar de mí

Todos estos años he tenido
una venda en los ojos que me ha impedido ver
Lo que estaba ocurriendo
mientras trabajaba desde el amanecer
Dices que ya no soy tan sexy
que mis tetas y mi culo ya no están ahí
Decides marcharte con alguien
más turgente, claro que sí, Joaquín
No quiero que digan que soy una santa
a mí también me gusta perrear así
así, contigo, con él
con todos los que quieran de mí

No quiero hacer historia
Nadie se va a acordar de mí
No quiero hacer historia
Nadie se va a acordar de mí

Amadora, entre la ciencia y la fe, entre la siesta y la BBC

Soco: Mi madre creía en Dios, pero no en los dinosaurios. Creía que la Virgen se embarazó del espíritu o de una paloma, pero no en los dinosaurios: «¿Cómo van a haber existido esos lagartos tan grandes?». No sé si nací de mujer, «papá le pone una semillita a mamá», o nací de la pasividad y de la obediencia, del ahorro, de la abnegación silenciosa, de la modestia. Nadie puede culparla. Alrededor había más iglesias que museos y más biblias que libros. ¡De una costilla! Ahora dicen que no es la costilla, sino el báculo o hueso del pene. Hay que joderse: mi madre y la madre de mi madre y la madre de la madre de mi madre creyeron en una Biblia que, encima, estaba mal traducida. Mi bisabuela no sabía leer, se lo contaban, que es peor, porque los curas podían hacer lo que Ferreras con la palabra de Dios... Ahora lo llaman *fake*. *Fake*. Pero eso ha existido toda la vida.

Mi abuelo tenía un dicho: «Se pilla antes al mentiroso que al cojo», pero no lo creo: hay mentiras que pasan de generación en generación.

Carmen: Me gusta echar la siesta con los documentales. Es como soñar despierta. El último, de la evolución de

13

las especies, me dio que pensar. Todos los perros descienden del lobo: el perro es un lobo domesticado. El labrador, el perdiguero, no digamos el perro de lanas o el perro patada, han olvidado que, hace miles, millones de años, fueron lobos. Pero, antes que a ningún otro animal, los humanos se domesticaron a sí mismos. Con la domesticación, los rasgos se encogen y suavizan. Es el lobo el que se transforma en abuela, no al revés: «Abuelita, abuelita, ¿por qué tienes piernas y brazos tan cortos?, ¿por qué tienes los ojos y los dientes tan pequeños?». TAL VEZ, YO TAMBIÉN SOY EL RESULTADO DE UNA DOMESTICACIÓN: «*Sit, sit.* ¡Dame la patita!». NO SÉ QUÉ APARIENCIA TENDRÍA COMO LOBA.

(Documental ensoñado del lobo ibérico y de las batidas.)

Foto de familia

CELIA: Nos conocimos en el baile. *(Pausa.)* Tenía un marido que me calentaba los pies. *(Se corrige.)* Tengo, pero ya no me los calienta. A veces, me parece que me acuesto con un muerto. ¡No se puede basar el amor en una sensación térmica! A lo que iba: nos conocimos en el baile. Yo ponía los codos así, para que no se me acercara demasiado. De joven fue un tipo esbelto. Te-

14

nía percha, no lo sabía, eso le hacía más irresistible. Tartamudeaba al decir «te quiero». *(Como retractándose.)* ¡Ha sido un buen compañero! Compañeros, de los que comen el mismo pan, las mismas patatas viudas cuando hay derramas de la comunidad o presupuesto del dentista; compañeros, de los que comen los mismos genitales, ¿no es eso el matrimonio? Y de los que comen el mismo techo las noches en blanco. *(Pausa.)* ¿Estás despierto, Joaquín? ¡Joaquín! *(Se miran entre ellas.)* ¡Es como una sordera localizada!

(Se escucha un sonido brusco, como de centrifugado, que deja paso al oleaje.)

CARMEN: ¿Es la lavadora o es el mar?

SOCO: ¿Duermes, Joaquín? ¿Te acuerdas de aquella vez que nos dimos un revolcón en la playa de la Malvarrosa con la caída del sol? Era virgen, fajada, refrenada, y estaba harta de serlo, como quien hace un viaje muy largo por una secundaria sin áreas de servicio. Tú ya tenías experiencia, la habías comprado. Yo debía dejarte hacer para no ser una estrecha, sin convertirme en una cualquiera. Mucho manoseo. Nadie quiere a una cualquiera por madre de sus hijos. Sin embargo, cualquiera con óvulos de calidad puede ser madre. También si tienes una buena billetera... *(Pausa.)* Accedí en la playa porque sí. Porque me apetecía, porque la puesta de sol me pareció superior a cualquier mandamiento o religión. Ya había anochecido, cuando rodamos sobre la arena. Fue incómodo. Dolió.

CELIA: Un poco sí que dolió.

SOCO: Fue deslumbrante. *(Pausa.)* No se puede basar el amor en una sensación térmica, ¿o sí? He querido separarme muchas veces, todas en verano. Al principio, decíamos: «¡Por los niños, que si no!». Los niños se fueron de casa con más de treinta, entonces adoptamos una gata. «¡Por la gata, que si no!».

CARMEN: *(A la gata.)* ¡Misina, tigresa, ven con mamá! Sé que no es bonita. ¡Más fea que pegar a Dios! Tampoco es joven. La escogimos entre todos los gatos del refugio porque me miró con una tristeza insondable, como si hubiera agotado seis de siete vidas. Por eso, y porque se restregó contra mis espinillas. *(Pausa.)* No pienso que los animales sean mejor que las personas *(confesándose.)* ¡No poco! Cuando los alimentas no dicen: «Esto está soso, pica», «la pasta está pegada». Te lamen la mano y ya está.

SOCO: Mi hija ni siquiera me devuelve los *tuppers*.

La teta infinita

CARMEN: Me pongo un salvaslip, mientras hago café y cambio las sábanas. Riego las plantas, a la vez que me enjuago con colutorio y dejo los garbanzos en remojo. Me como un puñado de frutos secos, cuando cierro la bolsa de basura y pregunto a Siri: Siri, ¿a qué hora es más barata la luz?

SOCO: Fui madre dos veces y luego infinitas veces más. No los eduqué: los crié, como la vaca al ternero. Los crié y los malcrié. Porque nunca les negué la teta. Porque yo, toda entera, era una teta infinita y había leche deslactosada, vegetal, endulzada... A gusto del consumidor. *(Pausa.)* Apechugas y, de la noche a la mañana, te das cuenta de que lo que hacías como favor se ha convertido en una obligación. ¡Dejar de hacerlo equivaldría a una deserción!

CELIA: Eres la fregona: «¿No ves que gotea?». La chacha, la *nanny* de tus nietos. La médica sin MIR: «¿Te duele aquí?». La fontanera: «¡La cisterna, coño!». La chamana: «Corta una hoja de aloe, mastica comino». La *personal shopper*, la chica de los recados de toda la vida: «Bóxer, no; eslip. Algodón». Eres la uróloga de tu hijo: «Mamá, ¿qué es esto que me ha salido?». La documentalista de los álbumes de familia. Alicatadora y dietista: «Esa mierda que comes tiene glutamato sódico de ese». La secretaria: «¿Has metido el libro en la mochila?». ¡NO SÉ CUÁNDO VOY A DESTETAROS A TODOS!

Soco: No sé cuándo voy a destetaros a todos.

Carmen: No sé cuándo voy a destetaros a todos.

Celia: No sé cuándo voy a destetaros a todos.

Soco: No sé cuándo.

(Comienza la percusión con objetos domésticos que marcan el ritmo de la próxima canción, «Santamártir».)

Carmen: La rutina se acumula como la porquería en el sumidero de la pila. Pones bicarbonato, Coca Cola... Espermicida. Cuando haces ventosa, te sorprendes de lo que hay ahí: restos de la cena de Nochebuena, ¡una quisquilla! Pequeños objetos no degradables y cabellos para una trenza. *(Pausa.)* Lo mismo descubría cuando, en vigilia, me daba por pensar. En las tareas del hogar, no solo en los sumideros atascados, encontré metáforas para todos los estados existenciales.

Me volví adicta a la queja, como en otro tiempo a la cafeína y a la nicotina. La queja, mi partido; la queja, mi religión. La queja se convirtió en la razón primera de vivir. ¿Mi privilegio? Esa mirada reverencial que se dedica a las mártires, a las santas que llevan las pústulas como una alta costura. Reverencia, pero también desinterés, porque, aunque eres imprescindible, te lo dicen el primer domingo de mayo, vives de prestado.

Santamártir

MIREN:
Un rubor en mis mejillas
en una bandeja mis tetas exprimidas
Unos latigazos en las pantorrillas
Una mirada al cielo buscando a Dios
Mártir, Santa, Mártir, Santa
Doy la vida por mi familia
a veces por mis vecinas y sus hijos también
Tengo callos en el corazón
y me ha salido musgo en el coño, acaso ya no es una flor
Pero si nadie te lo ha pedido
nadie tampoco te lo va a agradecer
Pero si nadie te lo ha pedido
nadie, Amadora, te lo va a agradecer
Abre la tierra

Abre la tierra
Abre la tierra
Abre la tierra
Abre la tierra
Abre la tierra

Pero si nadie te lo ha pedido
nadie tampoco te lo va a agradecer
Pero si nadie te lo ha pedido
nadie, Amadora, te lo va a agradecer

Una persona con suerte

Soco: He sido una persona alegre. ¿He dicho ya que he sido una persona muy alegre? Entonces, ¿por qué cada vez que lo digo... lloro? *(Pausa.)* He sido una persona con suerte, aunque no sé qué quiere decir eso.

Celia: Suena el teléfono. «¿Quién es?». Tu hija. «También es tuya. ¿Y qué se cuenta?». Nos deja a la niña el domingo. «¿A tu nieta?». También es tuya. «¿Y qué más?». Pregunta si estás viendo La Ruleta... Yo tengo una pesadilla recurrente con La ruleta de la suerte. Siempre acierto antes que los concursantes. Acabo insultándolos: «Tontaina, que eres tonto desde que tu padre y tu madre eran novios». En mi pesadilla, mi mejor amiga, Charo, me apunta al programa, pero en el *casting*, no me piden resolver un panel, me piden contar... ¿un chiste?

Soco: «¿Qué le dice una piedra a otra piedra? / Qué vida tan dura».

Celia: «¿Qué le dice una casa a otra casa / Encantada». Me da la impresión de que la chica de la tele se ríe por pena. En el plató, conozco a Jorge, el presentador. ¡Qué sonrisa tan blanca! Pienso en lo que debieron de gastarse sus padres en ortodoncias. Nosotros nos gastamos un dineral en la mordida de mi hijo. Fuera de cámara, me hace preguntas para presentarme. «¿Edad?». No me importa decirlo. «¿Soltera, casada, divorciada?». Casada, dos hijos. Guapísimos, ¿a quién habrán salido? Estoy un poco nerviosa. «¿Ocupación?». De pronto, tengo ganas de llorar. Voy a arruinar el maquillaje. Ama de casa, pero eso, Jorge, no lo vayas a decir...

«¡Amadora, 60 años, ama de casa!».

Un poco más y dice S. L., no sociedad limitada: sus labores. ¡Ama de casa! Cuando dijo esas tres palabras, ¡qué hijo de puta!, otras tres palabras, yo, que no sé qué son las vacaciones... *(Se acalla.)* El trabajo sin pausa no es trabajo. ¡Ni siquiera esclavitud! ¿Qué es? He trabajado más de, nueve por siete, sesenta y tres horas semanales, Jorge, sin cotizar; sin dramatizar, bueno, eso sí; pero sin sindicar. Ni derecho a huelga. En verdad, Jorge, no conoces una fuerza de trabajo como la mía. Sin audiencia ni alfombra roja... La única alfombra es la que se sacude por la ventana.

La madre que me parió

SOCO: Mi autodesprecio sirvió de modelo a su desprecio. Cuántas veces le repetí a ella: «Estudia para no ser como yo, estudia para no ser como yo...».

HIJA (CARMEN): No quería parecerme a ti, mamá, claro que tampoco aprobaba ni el recreo. Ni en el blanco de los ojos me quería parecer, aunque en las fotos eras la más guapa.

SOCO: *(Adulada.)* ¡Qué va!

HIJA (CARMEN): ¡Es verdad! En esas fotos en blanco y negro, eras como una estrella de cine.

SOCO: Las más recientes eran en color.

Hija (Carmen): Yo las recuerdo así, en blanco y negro o sepia. Color pastel.

Soco: No soy tan vieja.

Hija (Carmen): Casi de otra era, de antes de que se inventase la fotografía: daguerrotipos, ferrotipos. Porque yo había conocido a otra persona muy diferente. Daban ganas de preguntarte: ¿QUIÉN ERES TÚ Y QUÉ HAS HECHO CON MI MADRE? ¿Qué has hecho con mi madre? *(Pausa.)* Este torbellino de actividad no es mi madre.

Soco: Recuerdo dos o tres cosas del día que te parí. Tu padre me dejó en el hospital y se fue a trabajar. En el paritorio, tanto insistieron en que apretara, que me cagué. Dar vida es algo sucio. Luego, la placenta salió disparada: ¡Pum! Los pantalones de *tweed* al doctor se los dejé apañados. De no haber estado ahí postrada, hubiera salido corriendo a por el quitamanchas. Para las heces, detergente y vinagre; para la sangre, bicarbonato o amoniaco. Tú berreabas sin parar. *(Pausa.)* No sé qué es peor: que me desprecies o que no puedas vivir sin mí.

Hija (Carmen): Dicen que tenemos tres marcas de nacimiento: fecha de nacimiento, padre y madre. No me parezco a ti más que en la cicatriz, la de cesárea. *(Pausa.)* No soy una buena madre...

(La hija se abraza a Amadora con desesperación.)

Celia: Mi deseo feroz de protegerlos comenzó con el kétchup. O sea, con el azúcar. Que la comida era aburrida, decían los muy... El kétchup era sobreprotección. La vida rebozada, con gabardina. Les crie como a príncipes ignorantes. Ante cualquier anomalía, les dije «¡no lo mires!»: una pierna ortopédica, un dedo de menos, una cicatriz profunda... Les evitamos el contacto con lo marginal, con la enfermedad. Dentro de poco, cuando yo misma esté ojerosa y sea puro pellejo, con las encías y las raíces a vista, tampoco a mí podrán mirarme ni abrazarme. Los criamos como a príncipes ignorantes, sin hablarles del fascismo, en parques de suelos acolchados donde las caídas ni siquiera hacían sangre.

(El abrazo se rompe de súbito.)

Hija (Carmen): ¿Te he hecho daño?

Soco: Me duele aquí.

(Amadora comprueba sus articulaciones doloridas a la vez que la alcanza un recuerdo.)

Cuando venga el león pálido

Miren:
  Cuando venga el león pálido
  Cuando venga el león pálido
  Cuando venga el león pálido
  Cuando venga el león
  Tengo una capital, en medio de la espina dorsal
  un bosque templado ha crecido
  en lo más alto de mi cuello alargado
  Me duelen las pestañas, el pelo y el maléolo tibial
  Me duelen las rodillas así que no, no me pienso arrodillar
  Me duelen las pestañas, el pelo y el maléolo tibial
  Me duelen las rodillas, así que no, no me pienso arrodillar

  Cuando venga el león pálido
  Cuando venga el león pálido
  Cuando venga el león pálido
  Cuando venga el león

Mi cuerpo está embrollado
y no podrá bailar esta canción
Mi juicio está nublado
y no puedo saber si estás conmigo o no

Me mecerá en sus brazos el diazepam
el tramadol me susurrará
me enroscaré en la cama como un animal
hasta que el león se canse y me deje en paz
Me duelen las pestañas, el pelo y el maléolo tibial
Me duelen las rodillas, así que
no no no me pienso arrodillar
Mi cuerpo está embrollado
y no podrá bailar esta canción
Mi juicio está nublado
y no puedo saber si estás conmigo o no
Mi cuerpo está embrollado
y no podrá bailar esta canción
Mi juicio está nublado
y no puedo saber si has venido hoy
Cuando venga el león pálido

PARTE II

Una niña a una señora pegada

CARMEN: En ocasiones me siento como una mujer en conserva, en salazón, un encurtido, una mujer desecada, amojamada.

No soporto a mi señora cansada: una niña a una señora unida. Recuerdo la primera vez que me lo llamaron: «¡Señora!». Sonó despectivo: ¿Señora? ¿Por qué suena como una palabrota o algo, no sé, blasfemo? Giré la cabeza: ¿Es a mí? Fue como verse en un espejo deforme. «Señorita» no hubiera sido mejor... *(Propone como alternativas.)* «Tú», «oye», «oiga», «perdona». *(Con acentos.)* «quilla», «boluda», «vieja», «huera».

La señora cansada es además una señora dolorida. Una señora a la que le ha crecido un cuerpo dolorido.

He sido una persona muy alegre, pero desde hace años, cuando lo digo, lloro.

¡Jobar! Dime «¿cómo te llamas?», «¿te puedo tutear?». Y, si no, dime «perra», «loba». Animal humano hembra.

(Silencio.)

Estoy segura de que el dolor ya estaba ahí, como una criatura agazapada.

«Estás aprehensiva, cariño. Es hipocondría». ¿Por qué solo me llamas cariño cuando vas a lanzar una puñalada? Llámame ANIMAL HUMANO HEMBRA.

SOCO: No soportan mi versión ansiosa, cansada, rabiosa... En la salud y en la enfermedad, nadie habló del dolor sin enfermedad. ¡Es el botón de la carne, no soy yo! *(Sonríe artificial.)* Estar contenta quiere decir contener, contenerse, conservar el porte a pesar del dolor; enderezarse, sacar pecho y alzar la vista. Las rodillas son como los rostros de Bélmez, un fenómeno digno de las ciencias ocultas, caras deformes de mártires. Ni las uñas pintadas ni el pelo de peluquería ni los accesorios dorados van a hacerme sentir mejor. Ni siquiera un tratamiento con diuréticos. Accedo a hacerme la manicura. ¿Francesa?, ¿rusa?, ¿con parafina? Cuarenta y ocho horas más tarde, varias prótesis salen rodando por el fregadero y van a reunirse con los restos de la cena de Noche Buena y los objetos no degradables... ¡Las uñas son un privilegio de clase!

(Se arranca el resto de prótesis.)

SOCO: Siento que, en lugar de arreglarme, estoy amortajándome. Tanatopraxia: un maquillaje que ayude a los míos a pensar que estoy en un lugar mejor. Tengo la misma lepra tranquila de las cosas viejas: muescas, olor a humedad, ronchas de cal. Mi tacto huele a ajo, nuez moscada, jabón de trozo... Si me incineran, mis cenizas seguirán apestando a los miasmas del hogar. *(Silencio.)* Tengo miedo de convertirme en un lugar común, a pesar de tener un nombre propio. Hay mujeres que se llaman Esperanza, Felicidad, Alegría...

CELIA: Un día, esa que llevaba la manzanilla y la bolsa de agua caliente a la cama, la misma que aliviaba el culo irritado de los bebés y el de los viejos, también el de los suegros, se sorprendió diciendo: ¡Me duele, me duele, me duele! Y hubo un goce, lo reconozco, en el hecho de convertirme, por primera vez, en el centro.

Ambulatorio *mon amor*

MIREN: «Si quiere una cita telefónica con su médico, diga médico».

CELIA: ¿Al teléfono? ¿No saben que la presencia tiene efecto placebo? Lo dice una madre que ha aliviado todo tipo de dolencias cantando «sana sana, colita de rana».

SOCO Y CARMEN: «Sana sana, colita de rana, si no sanas hoy sanarás mañana».

CELIA: ¿Mañana? Trato de establecer una cronología del dolor, un atlas de mi sufrimiento. El historial médico es lo más parecido que voy a tener a un currículo. Un historial patológico que es mi libro de familia, mi certificado de penales y mi carnet por puntos.

CARMEN: A la médica, le digo: Me duele, me duele, me duele. Hasta el pelo. Es como si la carne se me desprendiera, se me desgajara. Como si tuviera cardenales. Como si un animal hubiera hecho su nido en mi espalda. Siento hormigueo, cansancio, niebla mental...

CELIA: La médica teclea. Parece un perito emitiendo un informe de los daños, pero no es una gotera.

CARMEN: ¿Cuánto duelen los cólicos nefríticos, la neuralgia del trigémino, la angina de pecho, el calentamiento de un miembro congelado? Yo no digo lo que duele y lo que deja de doler. Qué malparido quien cuestiona tu dolor.

CELIA: El dolor sabe pegar sin dejar marcas. Por un momento quiero escuchar que me quedan pocos meses.

SOCO: ¡No puedo estar bien! ¡Es imposible que yo esté bien! *(Se calma.)* Verá, he circulado por el sistema sanitario como quien vaga por el desierto, más sola que yo misma, porque, a diferencia de Cristo, no tenía ni tentaciones. Y en la pública no había personal, y los voluntarios, esos entrometidos llenos de buenas intenciones, me mandaban de un sitio a otro... ¿Unidad del dolor? ¿Hay una unidad del hartazgo?

CELIA: No siento mejoría con los analgésicos ni con los anticonvulsivantes.

CARMEN: ¿Me está diciendo que la ciencia envía cohetes al espacio, pero no puede hacer nada por mi dolor?

SOCO: ¡Mi madre hacía bien en creer en la Virgen de Guadalupe antes que en los dinosaurios!

Una parte de mí

MIREN:
Una parte de mí
Una parte de mí
Una parte
ya no está aquí
Soy un zorro disecado con los ojos de cristal
os miro a todos desde mi vitrina, no os puedo tocar
cumplo con mis tareas, robóticamente voy a comprar
hago pilates, voy a terapia, me masturbo sin pestañear
Qué nombre llevan las cosas que han dejado de ser
Cómo se llama a un león sin furia o a un desértico vergel
si ya no soy Amadora, si ya no tengo amor que ofrecer
Cámbiame el nombre, te pido
llámame por ejemplo Isabel
Gente corriendo, gente escapando, gente llorando
gente rezando, no sé si quieren algo de mí
Gente llamando, gente saltando, gente flotando
no les puedo oír
Gente corriendo, gente bailando, gente peleando
gente llorando, no sé si quieren algo de mí
Gente matando, gente follando, gente escapando
no les puedo oír
Una parte de mí
ya no está aquí

CELIA: ¿Analgésicos opiáceos? ¿A mi edad voy a ser drogadicta? Los opioides me dan mal despertar. Una parte de mí sigue en duermevela. Mi imagen demacrada en el espejo, con la boca abierta, casi babeante, me recuerda a los cantantes que le gustaban a mi hijo. A ese rubio, Nirvana, que me contemplaba desde el póster, con ojos ahumados, tristes, le saqué el polvo alguna vez. *(Acordándose.)* ¡Kurt! ¿Hablaba sola o con Kurt? Le hice alguna confidencia. ¡Demasiadas horas sola en casa bajo el efecto del amoniaco! Los dos estábamos drogados con el dolor y los efectos secundarios de la vida. ¡Pobre chico! Creo que murió joven. No sé qué tal habría envejecido. Es un tema lo de envejecer. No hablo de estar roído por fuera, sino por dentro. Dicen que, al hacerse mayores, a algunos rockeros se les pone pinta de señora. El de los Beatles, por ejemplo; el de los Rolling. Podría pensarse al revés...

Fluoxetina, *in the mood for love*

CARMEN: «Es conocido, te hará precio». Charo me dio la tarjeta de un psiquiatra privado. ¿Setenta euros la hora? ¡Si el Lorazepam me cuesta setenta céntimos! EL SUFRIMIENTO MENTAL TAMBIÉN ES UN PRIVILEGIO DE CLASE. El psiquiatra es parte del fármaco: sus zapatos italianos, su mirada perspicaz... Llama a mis habitaciones secretas, juega al escondite con mis lesiones invisibles. ¡Cuánto tiempo sin hablar de mí! No existes hasta que alguien quiere escuchar tu historia. Hablo, hablo y hablo, como ahora. Me vacío como un cubo de agua sucia. Me pregunta por mi familia: Mi padre se murió sin que yo supiera quién era. Me pregunta por el... sexo: Siempre he intentado convencerme de que los sentimientos eran el sobrante. *(Aparte.)* Brotan lágrimas. A borbotones. *(Sigue.)* Me enseñaron a ser una alacena vacía de goce. He consentido muchas relaciones sin placer. ¿TAMBIÉN EL PUNTO G ES UN PRIVILEGIO DE CLASE? Ge de gato. Mis zonas erógenas deben de estar en objetos perdidos. Ahora solo recuerdo los puntos gatillo, los del dolor. ¿Sigo? «El patio de mi casa es particular, cuando llueve se moja...». Me pregunto por qué mi patio no se moja. Me he sentido sola y seca como una acequia en la España vaciada.

¿Amor o transferencia?

MIREN:
  Te busco entre muchos, creo que me vas ayudar
  Te ves lúcido, ávido, como un ave rapaz
  que vuela protectora en la inmensidad
  y que conoce toda la verdad del universo
  Tenemos una cita semanal
  Setenta euros por abrirme en canal
  Tus zapatos italianos, tu mirada perspicaz que conoce
  toda la verdad del universo y mucho más
  Siento algo extraterrestre, es amor es algo más fuerte
  Me voy a desmayar, dime que no te pasa con nadie más
  No parece ser muy sano, por mucho que sea freudiano
  No contaba con quererte de esta forma indecente
  Te pones de mi lado en las batallas
  del presente y del pasado
  Me defiendes de los monstruos
  que me quisieron romper
  Como si no fuera demasiado tarde ya
  como si no fuera demasiado tarde ya
  Siento algo extraterrestre, es amor es algo más fuerte
  Me cuesta respirar, dime que no te pasa con nadie más
  No parece ser muy sano, todo este proceso freudiano
  No contaba con quererte de esta forma indecente
  Cómo no te voy a querer

Si solo quieres que sea feliz
cómo no te voy a querer

Soco: El psiquiatra dice: «Suprimir completamente el dolor sería suprimir la sensibilidad.
El dolor es un síntoma de vida.
Duele cortarse con papel.
Duele, cuando duele, la penetración.
Un balonazo.
Vaginal, anal.
Pillarse un dedo.
Los retortijones, el estreñimiento.
La regla. La menopausia.
Duele una caricia, un mordisco.
Cuando el dolor está pasando no hay nada más importante. Si se aleja, nos devuelve a la vida con sensación de renacimiento. *(Pausa.)* Propóngase algo imprevisto a diario: En-tu-siás-me-se. "Entusiasmo" –me explica– significa estar poseído por un Dios». ¿CÓMO SERÁ ESTAR POSEÍDA POR UNA DIOSA?

Carmen: Algo parecido a un orgasmo sucedió, un día, al aguantar el pis. Fue en ese viaje tan largo en coche al pueblo de Joaquín para buscar las cenizas de su madre. Cuando al fin pude vaciarme entre los girasoles del arcén, sentí que acababa. No sé volver a

36

esa sensación sola con los dedos, sin orina, sin girasoles ni ceniza.

(Amadora se incorpora a una rutina de suelo pélvico.)

CELIA: Contraes los músculos del suelo pélvico durante segundos y luego los relajas durante cinco segundos más. Repetir. A veces, rápido; a veces, lento. Al ejercicio más lento lo llaman el ascensor: imaginas que cada anillo del tubo vaginal es una planta. A mí me sirve pensar en uno de esos rascacielos que hay en China o Dubái. Tensionas y subes hasta la primera. «Abriendo puertas. Cerrando puertas». Hasta el segundo. «Ascensor, subiendo». Tercero. Así tantos y tantos pisos como puedas. No hay vértigo. Más vale no pensar en las Torres Gemelas. Más que un ascensor, lo mío es un montacargas. Me pregunto cómo será el sexo a los setenta y si se puede fortalecer la fantasía como el suelo pélvico.

(Amadora se pone en pie. Irrumpen haces de color.)

Los miércoles, karaoke

Soco: Me gusta el karaoke. Te puedes desahogar con palabras prestadas, palabras de otros: «Bruta, ciega, sordomuda», «Cucurrucucú Paloma». Pides canciones para no arriesgarte, pero lucirte. Lucirte sin arriesgarte: ¿No habrás estado haciendo eso toda tu vida, Amadora? De jovencita, adoraba las gramolas. ¿Eran rockolas? Con solo una moneda podías cambiar de ánimo. Ya entonces tenía la sensación de que todo cuanto importaba sucedía en las canciones. La vida con banda sonora.

Amiga (Celia): ¡Por un trago no va a pasar nada!

Soco: Pero es que he cambiado de medicación. Con el último espirituoso, me mareo y me arropo con el abrigo de polipiel en el privado del piano bar. Al rato, se acerca el tipo que canta por Bunbury: «Tienes una voz bonita. ¿También cantas en la ducha?». Podría ser su madre. Pongo cara de bobita y sonrío. Tengo la costumbre de intentar que mi interlocutor se sienta más importante que yo. ¿Si el dolor fuese solo un medio para estar acompañada, ser amada? *(Pausa.)* Dormirme en su regazo es lo más parecido que puedo hacerle a una felación. Noto su pene enroscado sobre sí mismo en el pantalón: lana, mezcla viscosa. Creo que se me ha olvidado cómo abrir una bragueta. Cuando me despierto, Charo me sujeta del pelo y yo vomito hasta el apellido. *(A su amiga.)* ¿Charo, tú siempre me has visto así?

AMIGA (CELIA): ¿Así cómo?

SOCO: Como amiga.

AMIGA (CELIA): Cuando nos bebimos ese licor café te vi doble y hasta triple.

SOCO: ¿Hay otra manera de sentirse libre que no sea trabajando como una hija de puta también fuera de casa o colocándose? *(Pausa.)* ¿Puedo quedarme contigo a dormir? Tengo una perdida de Joaquín.

AMIGA (CELIA): Ya se lo digo yo.

SOCO: Es cómodo tu colchón. ¿Viscoelástica o muelles?

AMIGA (CELIA): Muelles, muelles.

SOCO: Me gusta el olor de tu ropa de cama, huele a Amistad. *(Pausa.)* Charo, ¿nunca has pensado en estar con una mujer?

AMIGA (CELIA): Desde que vas a terapia dices cada cosa... *(Pausa.)* No sé si me resultaría ergonómico.

SOCO: No es una almohada de viaje, es una persona.

AMIGA (CELIA): ¡Es una mujer! No sabría por dónde empezar.

SOCO: Yo tampoco disfrutaba de las primeras veces. A caminar se aprende caminando.

AMIGA (CELIA): ¿A follar?

SOCO: ¡No digas esa palabra!

AMIGA (CELIA): *(Haciéndole rabiar.)* Follar, follar, follar. *(Pausa.)* Sería como volver a ser virgen.

SOCO: Debe de ser tan fácil como hacer lo que te gusta que te hagan.

AMIGA (CELIA): ¿Y a ti qué te gusta?

SOCO: Se me ha olvidado. *(Silencio.)* Entonces, tú y yo nunca nos vamos a hacer un Thelma y Louise.

AMIGA (CELIA): ¿Un Thelma y Louise?

SOCO: Una escapada.

AMIGA (CELIA): ¿Esa no era la peli en la que intentan violar a una de ellas, les roban todo el dinero y mueren?

SOCO: Sí, sí. Todo eso les pasa. Pero, con eso y todo, lo pasan bien, porque están juntas. *(Pausa.)* Charo, si no somos capaces de desviarnos del camino, entonces nuestro deseo es como uno de esos patrones que regalan con las revistas de confección.

Laguna

MIREN:
De niñas escuchamos los mismos sermones
Vimos las mismas películas
Tuvimos los mismos temores
Sangramos en los mismos parques
Nos curaron las mismas madres
Hoy tengo ganas de verte
Con nadie me río tan fuerte
Eres parecida a mí y a la vez tan distinta
Una laguna de ternura
un remanso de paz es nuestra amistad

41

Eres parecida a mí y a la vez tan distinta
No nos mueve el interés
Si acaso las ganas de compartir el placer
de mirar en silencio el fuego
de tendernos un espejo embellecedor
de darnos la mano antes de saltar
de reírnos de los necios que nos quieren domesticar
Eres parecida a mí y a la vez tan distinta
Una laguna de ternura
un remanso de paz es nuestra amistad
Eres parecida a mí y a la vez tan distinta
Yo acepto tu arcaico corazón
Tú aceptas mi rabia estancada
mi extraño amor por el dolor
Si tú pones el coche
yo pongo los chistes y el hilo musical
Vámonos a Cádiz, al faro Trafalgar
a comer ortiguillas y a nadar en el mar
Ya se lo digo yo
No te apures
Ya se lo digo yo
Eres parecida a mí
y a la vez tan distinta a mí

PARTE III

Teoría catastrófica de los tejidos

CARMEN: Kurt, el de ojos ahumados, muy tristes, se disparó con una escopeta.

CELIA: Los gatos a veces saltan desde el balcón. ¡Pero qué culpa tendrá el barrendero!

CARMEN: Todas las formas de suicidio escullan, salpican o embadurnan.

CELIA: No tengo ganas de nada. Tampoco de matarme.

SOCO: «¡La Amadora –dicen–, qué mérito, se ha ganado el cielo!». No quiero ganarme el cielo, no aún.

CELIA: Hundirme tierra adentro con un pijama de madera.

CARMEN: «Como una mariposa borracha –dice el terapeuta–, usted revolotea sobre el dolor. Pregúntese cuánto dolor añadido hay en el dolor. "Las personas no se destruyen por sufrir, sino por sufrir sin sentido"».*

(Juegan, como niñas, a ver quién grita o aúlla más fuerte.)

CELIA: ¡Ahhhhh!

SOCO: ¡Ahhhhh!

CARMEN: ¡Ahhhhh! El grito fue, durante años, la única respuesta al dolor. La única fuerza que no anularon los fármacos.

SOCO: ¿Cuándo dejó de bastar la vaselina de la queja, la pomada del reconocimiento?

CARMEN: Estoy dispuesta a traicionar al dolor.

CELIA: Soltarlo.

CARMEN: Antes era una medalla, un galón.

CELIA: Soltar, soltar...

SOCO: Entrego mis armas, el victimismo, el delantal, el sofrito congelado y la arena de los gatos.

CARMEN: El dolor me cortó en dos mitades y una de ellas está preparada para una hazaña.

Soco: Todo comienza el día en que decido desviarme de la receta. «¿Has notado rara a mamá? –Es Joaquín–. La sorprendo haciendo cosas... Autorrelajación. En mi época, autos eran los coches. ¿Será degenerativo?». *(Silencio.)* Eso espero, DEGENERAR, que la demencia precoz me haga olvidar los tabús que nos apoltronan: «Como en casa en ningún sitio», «más vale lo malo conocido que...». ¡Mi vida anterior no será más que un sueño y podré empezar de nuevo!

Amadora, *Deus ex machina*

Celia: Le pregunto a mi nieta qué quiere ser de mayor, y ella me devuelve la pregunta, tal vez, porque no he sido nadie, nada; porque los demás, aparte de lo que son, tienen oficio, beneficio. «¿Qué quieres ser de mayor?». Le respondo invisible. *(Pausa.)* A cierta edad nos volvemos invisibles, dicen. ¡Ojalá! Atravesar las paredes, deambular sin ser vista por otras casas, otras vidas. ¡Mentira! Nada me gustaría más, pero no es cierto. Con la vejez, ganamos gravidez, presencia. «Qué pena, cómo se ha quedado». Necesitamos agarrarnos, aquí y allá. No es invisibilidad. ¡Nada que ver! Es menosprecio. «¿Dónde va, señora?». Les ofende que ocupemos el espacio para algo que no sea tomarse un *rooibos,* sin teína. Como si, alcanzada una edad, tuviéramos que ingresar en un centro de recuperación de anfibios y reptiles. «AHORA ES TARDE, SEÑORA». ¿Siempre es tarde para las señoras? ¿Qué me queda fuera de los roles que me reservaron? Ángel del hogar, vieja del visillo, loca de los gatos... Hacer mutis por el foro. Morir lentamente, como viví, ahorrativa y discreta.

CARMEN: ¿CUÁL ES EL *DEUS EX MACHINA* DE AMADORA? Amadora, como Medea, huye en un carro alado.

CELIA: ¿Pero dónde? *Quién sabe dónde*: cuando veía esos programas de desaparecidos, pensaba: ¿Y si no quieren que los encuentren?

SOCO: Coge un tren o se pone al tren. Amadora se recluye en una abadía benedictina.

CELIA: Eso no. Ya fui a colegio de monjas.

CARMEN: Amadora se muda con Charo a Barbate, Zahara de los Atunes, y hace su bautismo de buceo.

SOCO: Lo más parecido que hice al submarinismo fue ir a la pescadería. ¡Los peces estaban dormidos!

CELIA: Amadora se toma dos blísteres, no muere, pero tienen que hacerle un lavado.

CARMEN: Amadora sobrevive y cambia de sexo. Amadora se fuga.

024

MIREN:
Tengo el paraíso a dos metros de mí
Parece un precipicio, pero es un hotel de carretera
Un baño de espuma, las uñas de gel
Un vistazo a las redes sociales
Por favor, tierra, trágame
Ya no sé si sirvo para esto
Ya no sé qué hacer aquí
pero si dejo caer mi cuerpo
creo que me puedo arrepentir

Aún no he contado mi historia en un libro
ni he vivido en Francia
Aún no he tenido un amante bilingüe
ni me he perdonado aquel error
Aún no he apostatado
ni he aprendido a bailar claqué

Aún no he estado en Egipto
ni he ido al Can Roca a comer

Ya no sé si sirvo para esto
Ya no sé qué hacer aquí
pero si dejo caer mi cuerpo
creo que me puedo arrepentir

Aún no he caminado descalza en mi propio jardín
No he cultivado marihuana
ni he celebrado el cambio en Madrid

Creo que me quedaré un rato
creo que me quedo un poco más aquí
Tengo curiosidad por saber
cómo afronta el invierno sin mí Joaquín

(Documental ensoñado de las Madres y Abuelas de Plaza de Mayo.)

La gran evasión

CARMEN: Un documental, este de sociedad y cultura. La cárcel de El Buen Pastor es una cárcel de mujeres en Argentina. En el año 75, presas políticas planean una fuga como las del cine. Se quema todo, se rompe todo para no dejar pistas. Las chicas se llevan lo puesto. «LA LIBERTAD –dice una–, ES UN CAMINO DE PÉRDIDAS». Cada cual salta a su turno, desde la ventana a la vereda: una, dos, tres... Corren corren corren entre la gente: «¡A la fuga, compañeras!». Corren. «¡Se fugaron "Las Chichi"!». Corren con los pies descalzos. Solo algunas sobreviven, todas fugan. COMO UNA PRISIONERA, PREPARO LA EVASIÓN. ¿Cómo se amotina una señora? ¿Cómo se amotina un ama de casa? Motín, motín, motín. YO TAMBIÉN SOY UNA PRESA POLÍTICA QUE FUGA. ¡A la fuga, compañeras!

(Maullidos.)

CARMEN: Dejé abierto el trasportín para que entrara la gata. ¡Vamos, Pipa! No tenemos todo el tiempo. ¡Vamos, minina! ¡Sube! Ven al trasportín. *(A la gata.)* ¿Te gusta dormirte a sus pies? Bueno, a mí también me agradaba calentar los míos con los suyos, pero una relación no puede basarse en una sensación térmica. ¡Salta! ¡A la fuga, compañera! ¿Eres un animal de costumbres?, ¿te basta con una lata Gourmet a la semana? Yo también lo he intentado, pero ahora duele. Hay días que duele tanto que no puedo dar un paso. Hoy puedo andar y esa es suficiente razón para hacer las maletas sin saber dónde me mudo.

A la vejez, viruelas

Soco: Joaquín se resbaló en la ducha, a pesar del antideslizante y de la alfombrilla. Lo oí caer, como a un fardo. Por suerte nunca cierra la puerta. ¡Ni para mear! Lo veo desnudo, incorporándose, con la cortina de la ducha en plan toga romana. Es la primera vez en meses, tal vez años, que lo veo tan desnudo, con el pelo mojado, pegado a la piel, mitad perro de agua, mitad ahogado. «¿Qué estás mirando con esa cara?». Que todavía eres guapo y que cada vez te pareces más a una mujer. «¿Me vas a ayudar o solo vas a decir bobadas?». ¡Pobre! Le enseñaron a esconder los sentimientos. Siempre desapegado, parco. Sentir era un despilfarro que no podía permitirse. Se ha quemado el cartón en el andamio. Pero le envidio el frío y el polvo de la obra. Los tragos y las conversaciones estupidizantes en el bar. Los chistes malos, las piparras, las palmadas sonoras en la espalda... Yo he pasado la mayor parte del tiempo apiñada con la familia, como los gorriones en el alero, pero sin volar. Le doy la mano para que se levante. Hace fuerza y nos abrazamos para no desplomarnos. Por un momento se me pasa por la cabeza hacerle el amor. Lo abrazo más y más fuerte: no sabe que me estoy despidiendo.

CELIA: «¿A tu edad, separarte?», «¿Con tus años, subirte a un escenario?». A LA VEJEZ, VIRUELAS. Cualquier deseo, por modesto que fuera, era para mañana. «Cuando me toque la lotería», ¿no es la frase más derrotista de los barrios obreros? A la vejez, viruelas. Comenzaron a decírmelo cuando apenas tenía pelos abajo, para atarme en corto. La verdadera educación no era la de casa ni la del colegio. La verdadera educación comenzaba cuando madre decía: «¡Toma la merienda y que no te vea hasta la cena!». Eso se me acabó con la primera regla, pero ahora ya tengo la menopausia. A la vejez, viruelas. A LA VEJEZ, LICANTROPÍA, CONVERTIRSE EN LOBO.

(Amadora se viste de Caperucita.)

MIREN: Mamá, ¿cómo hubiera sido tu vida de haber vivido ahora? Los tintes fantasía, las drogas livianas, la música tecno... ¡Eso es lo de menos! Quizá hubieras estudiado. ¿Dónde hubieras viajado? ¿Qué otras parejas hubieras tenido? Quizá yo no hubiera nacido, me hubiera quedado dentro, como las ganas de llorar y de gritar, como una promesa. Hablo como si fuera tarde para ti, para mí, para coincidir las dos en el mismo espacio, tiempo. ¿Es tarde?

Iniciación para lobeznos

Soco: Me despido de mi nieta, que me mira entre preocupada y respetuosa, sentada en el suelo: Había una vez una niña que tenía a su mamá y a su abuela locas, tanto que le habían hecho una caperuza roja.

Nieta (Miren): Ese cuento ya me lo sé.

Soco: Calla, sabiondita. Este no lo sabes.

Nieta (Miren): No poco.

Soco: Caperucita va a visitar a su abuela que tiene el cabello todo desgreñado. Por debajo del dobladillo, asoma... ¡Una cola estupenda! La niña repara entonces en su pelaje y en las huellas de barro. La abuela y el lobo son el mismo personaje, pero se lo han tenido callado, porque a las lobas se les ha hecho mala prensa.

Nieta (Miren): Eso es cambiar el cuento.

Soco: Tú también vas a cambiar. Si no, ¡para qué tanta caperuza roja! Te hubiéramos comprado un rompevientos gris que combinara con todo. *(Pausa.)* Dentro de la niña también hay un lobo que hace: ¡Auuu!

NIETA (MIREN): ¡Auuu! Este cuento mete miedo.

SOCO: ¡No hay miedo! CRECER DUELE. A CUALQUIER EDAD, CRECER DUELE. Cuando todo sucede por primera vez, parece que los huesos van a romperse. *(Pausa.)* Mi abuela dio a luz a mi madre quien, a su vez, me dio a tierra. Mi madre no creía en los dinosaurios. Yo traje al mundo a tu madre, que te trajo a ti. Contigo se rompió el molde. CADA VEZ QUE SE TRAE AL MUNDO ALGO NUEVO, SEA UN NIÑO O UNA IDEA, HAY SANGRE... Y HAY MIERDA.

NIETA (MIREN): ¿Qué dices, abuela?

SOCO: Llámame animal humano hembra.

Tacones lejanos

MIREN:
Eras para mí un refugio de montaña
Eras para mí la montaña entera
Eras para mí como un cielo estrellado de verano

Al que mirar sabiendo que nunca vas a alcanzar, solo
podrás aspirar a vivir bajo su mirada omnipotente

Solo quería que estuvieras orgullosa de mí
Solo quería que me quisieras como te quería yo a ti
Eras para mí, un ser mitológico, una medusa aburrida
a la que no puedes mirar sin sufrir su ira
Después solo he querido, lo siento, olvidarme de ti
Después solo he querido, lo siento
separarme del todo de ti
Y no sé si lo conseguí
No heredé la belleza, no heredé la bondad
No heredé tu talento especial para hacer a la gente callar
Solo conseguí transmitir esta herida antigua
como me la transmitiste tú

Solo quería que estuvieras orgullosa de mí
Solo quería que me quisieras como te quería yo a ti
Y no sé si lo conseguí

Soco: Peinar canas. ¿Será posible despeinarlas?
  Dirán que perdí el juicio. ¡Se le ha soltado un tornillo!
  ¡Chochea! Me declararán incapaz.
  Seré entonces mi propia hija, mi propia madre.
  «Envejecer no puede ser crecer solo en las raíces, ya
  no en las ramas, sin hojas ni flores».*

54

No quiero arrugarme como un papel sin versos.

(Pausa.)

Quiero probarme la vida y el nombre de otras. Amadora sonaba como una esquirla, una campanilla. «Debería haber un ritual para nacer dos veces, remendada».* Pero no se fuga uno para detrás, sino para adelante.

(Tras un breve oscuro, vemos a Amadora en su primer concierto.)

La estrella

MIREN:
 La misma luz, el mismo atardecer
 El mismo olor a rancio de la última vez
 Un pueblo vacío, no se oye ni un crujido
 Lo único lleno es esta sala de estar
 Las señoras cacarean, las señoras vitorean
 Cuando sale la carta de la estrella
 vas a florecer
 vas a renacer
 No te apures, para ti la vida empieza otra vez
 Siéntelo, cómo viene

Más fuerte que nosotras
es la estrella que promete
avanzar y protegerte

La misma luz, el mismo atardecer
El mismo olor a sangre de la última vez
Un nido vacío, no se oye ni un graznido
Lo único que suena es la suerte en el cristal
Las señoras cacarean, las señoras vitorean
Cuando sale la carta de la estrella
Vas a florecer
vas a renacer
No te agobies, para ti la vida empieza otra vez

Siéntelo, cómo viene
Más fuerte que nosotras
es la estrella, que promete
avanzar y protegerte

Estrellita bonita no me dejes solita
Ven conmigo, métete bajo mi abrigo
Quiero ver tu luz serena
entre montañas y en la arena
infatigable, que no tenga ninguna pena

TODAS:
Estrellita bonita no me dejes solita
Ven conmigo, métete bajo mi abrigo
Quiero ver tu luz serena
entre montañas y en la arena
infatigable, que no vuelva la pena

NOTAS

Pág. 9. La cita de Woolf, en el original «for we think back through our mothers if we are women», procede de un *Un cuarto propio (A Room of One's Own)*.

Pág 43. Chantal Maillard cita a Viktor Frankl en un artículo, «Sobre el dolor», publicado en la revista *Humanitas. Humanidades médicas:* «Cuerpo, mente, arte y medicina». Volumen 1, nº 4, octubre-diciembre 2003, p. 356.

Pág 54. «Envejecer no puede ser crecer sólo en las raíces». Esta frase es una elaboración a partir de una idea del texto de Giorgio Agamben *Cuando la casa se quema*.

Pág. 55. En esta traca final pueden leerse asimismo palabras inspiradas por Sylvia Plath, su novela *La campana de cristal (The Bell Jar)*. El original dice: «There ought, I thought, to be a ritual for being born twice—patched, retreaded and approved for the road».

Esta segunda edición
de 300 ejemplares de *Amadora,*
de María Velasco y Miren Iza (Tulsa),
se terminó de imprimir el 11 de noviembre de 2024,
justo un año después de su primera edición
y del estreno en el Festival de Otoño de Madrid,
dándose la circunstancia de que ambas autoras
han obtenido en 2024 el Premio Nacional de Literatura
Dramática y de Músicas Actuales respectivamente.
A partir de hoy el 11 de noviembre
debería celebrar a santa Amadora
pues, si bien no tiene
un santo titular asociado a su nombre,
seguro que al bueno de san Martín de Tours
no le importará compartir con ella
este santo día.